Grundriss des gesamten deutschen Rechts

in Einzelausgaben

von

Paul Posener

24. Band

Eisenbahnrecht

Preis 90 Pf.

Berlin

J. Guttentag, Verlagsbuchhandlung,

G.m.b.H.

Grundriß
des gesamten
deutschen Rechtes
in Einzelausgaben
von
Paul Posener.

24. Band.

Eisenbahnrecht.

Berlin 1903.
J. Guttentag, Verlagsbuchhandlung,
G. m. b. H.

Inhaltsverzeichnis.

4. Das Bahneigentum.

5. Die Kleinbahnen.

I. Kapitel.

Allgemeines.

§ 1. Geschichte und Bedeutung der Eisenbahnen.

Elemente der Eisenbahn sind Spurweg und Dampfwagen; ihre Bedeutung ist aus deren gesonderter Entwickelung und endlicher Verbindung zu erklären.

a) **Spurweg** bereits im Altertume als verkehrfördernd bekannt; Anfang der Neuzeit: Holzbahnen, später solche mit eisernem Beschlage. Schmiedeeiserne Schienen von Birkinshaw eingeführt. Erste Konzession einer solchen öffentlichen Eisenbahn (auf der gegen Gebühr jeder mit seinem Pferde und Wagen fahren darf) für die Strecke Wandsworth—Croydon 1801.

b) **Dampfwagen.** Erfinder der arbeitenden Dampfmaschine ist Savary; seine Idee, den Dampf als Beförderungsmittel zu benutzen, ist auch von James Watt gehegt, aber nicht verwirklicht worden. Erfinder des Dampfwagens: Cugnot; Versuche von Murdock und Allen.

c) **Verbindung** von Eisenbahn (Spurweg) und Dampfwagen von Trevithick zuerst versucht, von George Stephenson 1814 zum ersten Male verwirklicht.

In Deutschland anfangs Widerstand gegen eine solche Neuerung (Schädigung der Kohlenfuhrleute, Ausfall an Chausseegeld ꝛc.). Große Verdienste um Aufklärung und Organisation hat Friedrich List sich erworben; vgl. Grundriß 25, 13.

Erste deutsche Eisenbahn mit Dampf, zwischen Nürnberg und Fürth, am 7. Dezember 1835 eröffnet.

Bedeutung der Eisenbahn: regelmäßige und pünktliche Beförderung von Gütern und Personen bei größerer Sicherheit, größerer Schnelligkeit und Menge als mit anderen Transportmitteln; daneben auch in der Regel geringerer Preis der Beförderung.

§ 2. Organisation und Arten.

Besondere Stellung der Eisenbahn im öffentlichen Verkehrswesen beruht auf dem notwendigen Ausschlusse der Konkurrenz und auf der unumgänglichen Vereinigung von Spurweg und Dampfwagen in einheitlicher Leitung. Hierzu kommen die besonderen, sehr schwer zu erfüllenden Voraussetzungen für die Anlage und Organisation, die der Eisenbahn eine Sonderstellung im Verkehrswesen geben.

Eisenbahn ist ein aus eisernen Schienen hergestellter Weg, der ausschließlich durch Fahrzeuge, die dem öffentlichen Personen- und Güterverkehre dienen, benutzt wird.

Als **treibende Kraft** der Fahrzeuge wird Dampf verwendet; der Gebrauch der Elektrizität für den Fernverkehr ist Gegenstand von Versuchen.

Arten:

Hauptbahnen (für den internationalen Verkehr und zur Verbindung der Landesteile miteinander),

Nebenbahnen, Sekundärbahnen (für langsamen und weniger umfangreichen Betrieb bei geringeren Ausgaben),

Kleinbahnen (lokale Tertiärbahnen, Straßenbahnen, Tramways) für den Ortsverkehr.

Eisenbahn im juristischen Sinne kann bedeuten:

a) den Spurweg,
b) das rollende Material,
c) das Eisenbahntransportgeschäft,
d) das ganze Unternehmen,
e) die Persönlichkeit des Unternehmers (juristische Person).

Definition des Reichsgerichtes (betr. Haftpflicht): **Eisenbahn** ist ein Unternehmen, gerichtet auf wiederholte Fortbewegung von Personen oder Sachen über nicht ganz unbedeutende Raumstrecken auf metallener Grundlage, welche durch ihre Konsistenz, Konstruktion und Glätte den Transport großer Gewichtsmassen, beziehungsweise die Erzielung einer verhältnismäßig bedeutenden Schnelligkeit der Transportbewegung zu ermöglichen bestimmt ist, und durch diese Eigenart in Verbindung mit den außerdem zur Erzeugung der Transportbewegung benutzten Naturkräften (Dampf, Elektrizität, tierischer oder menschlicher Muskeltätigkeit, bei geneigter Bahn auch schon der eigenen Schwere der Transportgefäße und deren Ladung 2c.) bei dem Betriebe des Unternehmens auf derselben eine verhältnismäßig gewaltige (je nach den Umständen nur in bezweckter Weise nützliche, oder auch Menschenleben vernichtende und die menschliche Gesundheit verletzende) Wirkung zu erzeugen fähig ist.

§ 3. Die Eisenbahnhoheit.

Eisenbahnhoheit ist die Summe der Herrschaftsrechte, die einem Staate gegenüber den in seinem Gebiete sich befindenden Eisenbahnen gebühren. Hierzu gehören namentlich: Gesetzgebung, Konzession, Aufsicht, Ankaufsrecht.

Für das Deutsche Reich bestimmt Reichsverfassung Artikel 4:

„Der Beaufsichtigung seitens des Reichs und der Gesetzgebung desselben unterliegen die nachstehenden Angelegenheiten:

8. das Eisenbahnwesen, in Bayern vorbehaltlich der Bestimmung im Artikel 46 . . ."

In Artikel 41—47 der Reichsverfassung werden nur die Grundlagen für eine reichsrechtliche Regelung gegeben; bisher ist ein Reichseisenbahngesetz nicht erlassen worden.

Reichseisenbahnen gibt es gegenwärtig nur in Elsaß-Lothringen; verwaltet durch das Reichsamt für die Verwaltung der Reichseisenbahnen, vgl. Grundriß **12**, 19.

Über Reichseisenbahnamt siehe Grundriß **12**, 19, 20.

In Preußen: Minister der öffentlichen Arbeiten, siehe Grundriß **12**, 4, 5.

§ 4. Tarifwesen.

Eisenbahntarif ist das System von Entgeltziffern für Leistungen der Eisenbahn. Der Tarif ist eine Liste einseitig normierter Preise, vgl. Grundriß 25, 28, Tarifschema ist die äußere Einteilung und Einrichtung eines Tarifes.

Frachtsatz ist das Entgelt für die Übernahme eines bestimmten Transportes. Einheitssatz ist der Frachtsatz für die Maß- und Gewichtseinheit.

Arten der Tarife:

a) allgemeine, spezielle, Ausnahmetarife;

b) Personen-, Gütertarife;

c) lokale, internationale, Verbandstarife.

Ein Tarif kann **eingerichtet** sein als:

a) Stationstarif, bei dem die Frachtsätze für die Einheit von Station zu Station berechnet sind;

b) Schnitttarif, bei dem wie zu a gerechnet wird, jedoch mit 2 Tabellen, die die Berechnung für die Fracht nach und von einem Knotenpunkte enthalten;

c) Kilometertarif enthält lediglich die Entfernungen und eine Tabelle der Frachtsätze für die Einheit.

§ 5. Eisenbahnpolitik.

Eisenbahnpolitik ist der Inbegriff von Grundsätzen und Regeln, die für den Staat bei der Verwaltung der Eisenbahnen bestimmend und entscheidend sein sollen.

Grundlage der Eisenbahnpolitik ist das System, das allerdings nirgends schematisch sich durchführen läßt, sondern stets auf die besonderen Verhältnisse des Landes und seiner Landesteile zugeschnitten sein muß.

Arten der Systeme:

a) reines Privatbahnsystem,

b) staatliche Verwaltung von Privatbahnen,

c) reines Staatsbahnsystem,

d) private Verwaltung von Staatsbahnen.

Beim gemischten Systeme sind a und c verbunden, und zwar nicht nur nebeneinander in demselben Lande, sondern in Konkurrenz miteinander (an denselben Strecken).

Im übrigen vgl. §§ 8, 14, 16.

II. Kapitel.

Eisenbahnrecht.

§ 6. Begriff und Quellen.

Eisenbahnrecht im weiteren Sinne ist die Gesamtheit der Rechtsnormen, welche die Verhältnisse der Eisenbahnen regeln.

Eisenbahnrecht im engeren Sinne umfaßt diejenigen speziellen Rechtssätze, die auf die Verhältnisse der Eisenbahnen sich beziehen.

Eisenbahnrecht enthält Normen des öffentlichen, des privaten und des internationalen Rechtes.

Das deutsche Eisenbahnrecht enthält Normen des Reichsrechtes und des Rechtes der Einzelstaaten. Insbesondere sind anzuführen für das **Deutsche Reich**:

Betriebsordnung für die Haupteisenbahnen Deutschlands vom 5. Juli 1892; abgeändert am 24. März 1897, 23. Mai 1898, 8. Juli 1899, 22. Januar 1902.

Signalordnung für die Eisenbahnen Deutschlands vom 5. Juli 1892; abgeändert am 23. Mai 1898.

Normen für den Bau und die Ausrüstung der Haupteisenbahnen Deutschlands vom 5. Juli 1892; abgeändert am 24. März 1897, 23. Mai 1898.

Bestimmungen über die Befähigung von Eisenbahnbetriebsbeamten vom 5. Juli 1892; abgeändert am 13. Juli 1897, am 23. Mai 1898.

Bahnordnung für die Nebeneisenbahnen Deutschlands vom 5. Juli 1892; abgeändert am 24. März 1897, 23. Mai 1898.

Eisenbahnverkehrsordnung vom 26. Oktober 1899; abgeändert am 18. Juni 1902. (Nach der herrschenden staatsrechtlichen Lehre rechtsungültig.)

1. Die Entstehung.

§ 7. Die rechtlichen Vorbedingungen.

Berechtigt zum Bau und Betriebe einer Eisenbahn ist:

1. der Staat,

2. der einzelne oder die Personenvereinigung, wenn vom Staate eine Erlaubnis hierzu erteilt wird.

Für das **Deutsche Reich** gilt gemäß Reichsverf. Artikel 41, Absatz 1:

„Eisenbahnen, welche im Interesse der Verteidigung Deutschlands oder im Interesse des gemeinsamen Verkehrs für notwendig erachtet werden, können kraft eines Reichsgesetzes auch gegen den Widerspruch der Bundesglieder, deren Gebiet die Eisenbahnen durchschneiden, unbeschadet der Landeshoheitsrechte, für Rechnung des Reiches angelegt oder an Privatunternehmer konzessioniert und mit dem Expropriationsrechte ausgestattet werden."

Nach dem **preußischen** Gesetze über die Eisenbahnunternehmungen vom 3. November 1838 ist nach ministerieller Prüfung landesherrliche Genehmigung erforderlich, die jedoch für Hauptbahnen überhaupt nicht mehr erteilt wird.

§ 8. Die Vorbereitung des Baues.

Vorarbeiten in technischer und ökonomischer Beziehung, damit die Möglichkeit praktischer Durchführung und Nützlichkeit nachgewiesen werde.

Vorkonzession: der Private bedarf zu den technischen Vorarbeiten in Preußen (V. v. 24. April 1897) die Erlaubnis des Ministers der öffentlichen Arbeiten. Betreten oder Beschädigung fremder Grundstücke kann vom Regierungspräsidenten gestattet werden. (Enteignungsgesetz v. 11. Juni 1874.)

Arten der Vorarbeiten:

a) **technische** (generelle) **Vorarbeiten** bezwecken eine Feststellung der Tracierung und Ermittelung der Baukosten;

b) **wirtschaftliche Vorarbeiten** berechnen den mutmaßlichen Verkehr.

Will ein **Privater** die Konzession zum Bau nachsuchen, so findet über seinen Antrag eine Vorprüfung statt. Für Preußen entscheidet über Ablehnung das Staatsministerium allein; will das Ministerium für Annahme sich entscheiden, dann Konzessionierung durch den König.

Publikation der Konzession in der Gesetzsammlung für die preußischen Staaten und der ganzen Urkunde in den Regierungsamtsblättern. (Ges. v. 10. April 1872.)

Zustellung der Konzessionsurkunde an den Konzessionar; hiermit hat dieser einen Publikationsanspruch gegen den Staat. Wirkung gegen Dritte mit Publikation.

Ob durch Konzession **Vertrag** zwischen Staat und Konzessionar, ist bestritten. Vgl. pr. Ges. v. 8. November 1838, § 49: „. . . . Sollte jedoch durch neue, in diesem Gesetze weder festgesetzte noch vorbehaltene und, sofern von künftig zu konzessionierenden Gesellschaften die Frage ist, später als die ihnen erteilte Konzession erlassene Bestimmungen, eine Beschränkung ihrer Einnahmen oder eine Vermehrung ihrer Ausgaben herbeigeführt werden, so ist ihnen eine angemessene Geldentschädigung dafür zu gewähren."

Inhalt der Konzession ist namentlich:

a) Recht und Pflicht zum Bau der Bahn; für den Beginn wird eine Frist gesetzt, und zwar unter Kautionsleistung für die Innehaltung der Frist; im Falle der Nichtinnehaltung wird in Preußen die Anlage versteigert;

b) Legitimation des Konzessionars zur Vertretung des Unternehmens;

c) Enteignungsrecht; in Preußen jedoch noch besondere Verleihung erforderlich;

d) Recht und Pflicht zum Betriebe der Bahn.

§ 9. Die Vollendung des Baues.

Technische (spezielle) **Vorarbeiten**: nach Erteilung einer Erlaubnis durch den Minister der öffentlichen Arbeiten wird in Preußen die Linie der zu bauenden Bahn in allen Punkten festgestellt, ebenso werden alle Nebenanlagen bezeichnet. Das Resultat wird in dem Bauplane niedergelegt.

Landespolizeiliche Prüfung: der Regierungspräsident nimmt unter Mitwirkung der lokalen Organe und bei Beteiligung von Privatpersonen (Anlieger und sonstige Interessierte) ein Prüfungsverfahren vor. Hierbei wird nur untersucht, inwieweit der Bauplan den öffentlichen und lokalen Interessen entspricht oder etwa die Anwohner gefährdet. Die durch den Bau berührten Privaten können hierbei ihre Gründe äußern, haben aber keinen Rechtsanspruch. Bei Schädigungen ist der Konzessionar ersatzpflichtig. — Außerdem Prüfung des Verhältnisses des Bauplanes zu den öffentlichen Wegen und Gewässern.

Planfeststellung erfolgt in Preußen nach Anhörung der Militärverwaltung und des Reichseisenbahnamtes durch den Minister der öffentlichen Arbeiten, und zwar:

a) **endgültig,** ohne Rücksicht auf die sonst begründete Zuständigkeit von Gerichten oder Verwaltungsbehörden, z. B. wegen des Bebauungsplanes;

b) **unberührt** bleiben jedoch gewisse Vorschriften, z. B. über Genehmigung von Hochbauten durch Baupolizei, über Gründung von Ansiedelungen, über Anlegung maschineller Einrichtungen;

c) bei Notwendigkeit einer Enteignung besteht eine Rechtsvermutung für die Dringlichkeit des Antrages; sodann nach Durchführung des Enteignungsverfahrens: **endgültig festgestellter Plan.**

Ausführung des Baues geschieht auf Grund der Normen für den Bau und die Ausrüstung der Haupteisenbahnen Deutschlands vom 5. Juli 1892, nebst Abänderungen vom 24. März 1897 und 23. Mai 1898.

Anwendungsgebiet der Normen nur bei Vollspurbahnen, und zwar:

a) Abschnitt I (**Bau der Eisenbahnen**) gilt für alle nach dem 1. Juli 1897 in Angriff genommenen Haupteisenbahnen und für solche bereits gebauten oder betriebenen Haupteisenbahnen, deren bauliche Anlagen oder Einrichtungen nach dem 1. Juli 1897 einem umfassenden Umbau, insbesondere einer Erneuerung des Oberbaues der Hauptgeleise in zusammenhängenden Strecken, unterworfen werden.

b) Abschnitt II (**Ausrüstung der Eisenbahnen**) gilt für die nach dem 1. Juli 1897 neu beschafften Betriebsmittel der Haupteisenbahnen, ferner für die bereits vorhandenen oder bestellten Betriebsmittel der Haupteisenbahnen, die nach dem 1. Juli 1897 vollständig umgeändert werden, endlich für die Betriebsmittel von Nebeneisenbahnen, die auf die Haupteisenbahnen übergehen, oder in Züge, die mit einer Geschwindigkeit von mehr als 30 Kilometer in der Stunde laufen, eingestellt werden.

Die Normen sind daher anzuwenden auf **Haupteisenbahnen**, d. h. alle dem öffentlichen Verkehre dienenden Bahnstrecken mit Ausnahme derjenigen, für die nach der Entschließung der zuständigen Landesaufsichtsbehörde mit Zustimmung des Reichseisenbahnamtes die Bahnordnung für die Nebeneisenbahnen Deutschlands maßgebend ist.

Ausnahmen kann die Landesaufsichtsbehörde unter Zustimmung des Reichseisenbahnamtes bewilligen.

Abnahme ist die durch Landespolizei- und Eisenbahnaufsichtsbehörde erfolgende Prüfung des Baues in polizeilicher und eisenbahntechnischer Richtung.

Betriebseröffnung erfolgt nach Genehmigung seitens des Ministers der öffentlichen Arbeiten.

2. Der Betrieb.

§ 10. Allgemeines.

Eisenbahnbetrieb ist der Inbegriff aller Tätigkeiten, zu denen der Bahnunternehmer von der Betriebseröffnung an berechtigt und verpflichtet ist, um eine bestimmungsgemäße Verwendung der Bahn zu ermöglichen.

Betriebsverwaltung in weiterem Sinne ist die Tätigkeit, die der Unternehmer selbst oder durch Angestellte bewirkt, um die Anforderungen des Betriebes zu erfüllen.

Arten der Verwaltung:

a) allgemeine Verwaltung: sie umfaßt alle auf Organisation und Personalien sich beziehende Tätigkeit sowie die Verwaltung der Finanzen;

b) Betriebsverwaltung in engerem (eigentlichen) Sinne: sie umfaßt den eigentlichen Betrieb und die Verwaltung der ihm dienenden Mittel sowie den Verkehr;

c) Bauverwaltung: sie befaßt sich mit Instandhaltung und Ergänzung der baulichen Anlagen sowie mit der Verwaltung des Bahneigentums.

Eigenart des Betriebsrechtes:

a) **generelle Ausschließlichkeit**: nur der Unternehmer ist berechtigt und verpflichtet, den Betrieb auf der Bahnanlage zu unterhalten;

b) **Zulassung von Anschlüssen**: gemäß Artikel 41, Abs. 2 der Reichsverf. ist jede bestehende Eisenbahnverwaltung verpflichtet, den Anschluß neu angelegter Eisenbahnen auf Kosten der letzteren sich gefallen zu lassen;

c) **keine Monopolisierung** des Betriebes zwischen den durch die Bahnanlage verbundenen Orten: durch Art. 41, Abs. 3 der Reichsverf. werden die Widerspruchsrechte bestehender Eisenbahnen gegen die Anlegung von Parallel- oder Konkurrenzbahnen beseitigt (vorbehaltlich der iura quaesita) und für künftige Konzessionen verboten;

d) **Mitbenutzung des Betriebes** für Dritte: gemäß §§ 27 bis 35 des preuß. Eisenbahnges. vom 3. November 1838 können nach Ablauf der ersten drei Jahre zum Transportbetriebe auf der Bahn außer dem Unternehmer andere gegen Entrichtung eines Bahngeldes die Befugnis (nach Erteilung einer Konzession hierfür) zur Mitbenutzung erlangen;

e) **Betriebspflicht**; insbesondere: Beförderungspflicht;

f) **Haftpflicht.**

Besonderheiten der Betriebspflicht: der geordnete Betrieb ist einer Anzahl von Grundsätzen angepaßt, die für das Deutsche Reich in der Betriebsordnung für die Haupteisenbahnen Deutschlands vom 5. Juli 1892 (mit Abänderungen vom 24. März 1897, vom 23. Mai 1898, vom 8. Juli 1899, vom 22. Januar 1902) niedergelegt sind.

Inhalt der Betriebsordnung:

1. **Zustand, Unterhaltung und Bewachung der Bahn.** Die Bahn ist fortwährend in einem solchen baulichen Zustande zu halten, daß jede Strecke ohne Gefahr mit der festgesetzten größten

Geschwindigkeit befahren werden kann. An den Stellen, wo die gewöhnliche Bewachung nicht hinreicht, müssen Einfriedigungen angelegt werden, um Menschen oder Vieh vom Betreten der Bahn abzuhalten. Die Bahn muß solange bewacht werden, als noch Züge oder einzeln fahrende Lokomotiven zu erwarten sind.

2. **Zustand, Unterhaltung und Untersuchung der Betriebsmittel.** Sämtliche Betriebsmittel (Lokomotiven, Tender, Wagen ꝛc.) müssen fortwährend in einem solchen Zustande gehalten werden, daß die Fahrten mit der größten zulässigen Geschwindigkeit ohne Gefahr stattfinden können; für die Lokomotiven bestehen eine technisch-polizeiliche Abnahmeprüfung und periodische Revisionen. Jeder Zug hat eine bestimmte Zahl von Bremsen zu führen.

3. **Handhabung des Betriebes.** Die Züge sollen bei Doppelgleisen das von der Fahrtrichtung rechts liegende Gleis befahren. In der Regel sollen in einem Zuge nicht mehr als 150, in einem Personenzuge nicht mehr als 100 Wagenachsen laufen. Die Abfahrt von der Station erfolgt erst nach der Erlaubnis des diensttuenden Stationsbeamten. Das Zugpersonal darf während der Fahrt nur einem, für die Ordnung und Sicherheit des Zuges vorzugsweise verantwortlichen Beamten untergeordnet sein. Jede angeheizte Lokomotive muß während ihrer Bewegung mit einem Führer und einem Heizer besetzt sein.

4. **Bestimmungen für das Publikum.** Wer die Bestimmungen über Betreten von Bahnanlagen und Stationen, über Hinüberschaffen von Gegenständen über die Bahn, über das Verhalten vor, bei und nach der Fahrt nicht befolgt, kann mit Geldstrafe bis 100 Mark bestraft, ev. auch vorläufig festgenommen werden. Bei jedem Stationsvorstande befindet sich ein dem Publikum zugängliches Beschwerdebuch.

5. **Bahnpolizeibeamte** sind diejenigen Personen, welche betraut sind mit den Verrichtungen der:

1. Betriebsdirektoren und Oberingenieure,
2. Betriebsinspektoren und Bauinspektoren,
3. Baumeister und Ingenieure,
4. Bahnkontrolleure und Betriebskontrolleure,
5. Stationsvorsteher, Stationsaufseher und Stationsassistenten,
6. Rangiermeister,
7. Bahnmeister,
8. Haltestellenaufseher und Weichensteller,

9. Haltepunktwärter und Bahnwärter,
10. Zugführer,
11. Packmeister,
12. Schaffner,
13. Wagenwärter und Bremser,
14. Stationsdiener,
15. Nachtwächter.

Bei **Ausübung des Dienstes** müssen die Bahnpolizeibeamten die vorgeschriebene Dienstuniform oder das festgestellte Dienstabzeichen tragen oder mit einem sonstigen Ausweis über ihre amtliche Eigenschaft versehen sein. Die Bahnpolizeibeamten können die Unterstützung der sonstigen Polizeiorgane nachsuchen.

6. Die **Aufsichtsbehörden** im Sinne der Betriebsordnung werden von der einzelstaatlichen Zentralbehörde bestimmt und dem Reichseisenbahnamte mitgeteilt. Für die Reichseisenbahnen in Elsaß-Lothringen erfolgt diese Festsetzung und Mitteilung durch die zuständige oberste Reichsbehörde.

Für die Eisenbahnen von untergeordneter Bedeutung gilt die **Bahnordnung** für die Nebeneisenbahnen Deutschlands vom 5. Juli 1892, abgeändert unterm 24. März 1897 und 23. Mai 1898.

§ 11. Die Haftpflicht.

Gesetz, betreffend die Verbindlichkeit zum Schadensersatz für die bei dem Betriebe von Eisenbahnen, Bergwerken 2c. herbeigeführten Tötungen und Körperverletzungen, vom 7. Juni 1871 **(Reichshaftpflichtgesetz),** abgeändert durch Artikel 42 des Einf.-Ges. zum Bürgerlichen Gesetzbuche.

Fälle der Haftung: wenn bei dem Betriebe einer Eisenbahn ein Mensch getötet oder körperlich verletzt wird, so haftet der Betriebsunternehmer für den dadurch entstandenen Schaden, sofern er nicht beweist, daß der Unfall durch höhere Gewalt oder durch eigenes Verschulden des Getöteten oder Verletzten verursacht ist.

Ausgeschlossen ist also die Geltendmachung:

a) eines sachlichen Schadens, z. B. zerrissene Kleider,

b) eines persönlichen Schadens, der auf höherer Gewalt oder eigenem Verschulden beruht.

I. **Umfang der Haftpflicht:**

1. **im Falle der Tötung:**

a) **Ersatz** der Kosten einer versuchten Heilung sowie des Vermögensnachteiles, den der Getötete dadurch erlitten hat, daß während der Krankheit seine Erwerbsfähigkeit aufgehoben oder gemindert oder eine Vermehrung seiner Bedürfnisse eingetreten war;

b) **Ersatz** der Kosten an denjenigen, dem die Verpflichtung obliegt, diese Kosten zu tragen;

c) **Ersatz** der Alimentation, die ein Dritter, insbesondere auch ein nasciturus, kraft Gesetzes von dem Getöteten verlangen konnte, und zwar insoweit, als der Getötete während der mutmaßlichen Lebensdauer zur Unterhaltsgewährung verpflichtet gewesen sein würde.

2. **im Falle einer Körperverletzung:**

a) Ersatz der Heilungskosten,

b) Ersatz des Vermögensnachteils, welchen der Verletzte durch eine infolge der Verletzung eingetretene zeitweise oder dauernde Erwerbsunfähigkeit oder Verminderung der Erwerbsfähigkeit oder Vermehrung seiner Bedürfnisse erleidet.

II. **Verjährung:** die Schadensersatzforderung verjährt in 2 Jahren von dem Unfalle an; gegen denjenigen, dem der Getötete Unterhalt zu gewähren hat, beginnt die Verjährung mit dem Tode des Verunglückten.

§ 12. Die Staatsaufsicht.

Staatsaufsicht ist die Anwendung des Eisenbahnhoheitsrechtes des Staates durch Behörden, welche den Eisenbahnbetrieb, soweit er von Privatpersonen ausgeübt wird, überwachen.

Deutsches Reich: Aufsicht des Reiches im Interesse der Landesverteidigung und des allgemeinen Verkehres; jedoch ausgenommen Bayern in gewisser Beziehung (Reichsverf. Artikel 42—45).

Reichseisenbahnamt ist Organ des Reiches zum Zwecke der Aufsicht über Staatsbahnen (ev. verfassungsmäßige Zwangsmaßregeln) und Privatbahnen.

Preußen: oberste Aufsichtsinstanz ist der Minister der

öffentlichen Arbeiten; unter ihm: die Präsidenten der Eisenbahndirektionen, daneben Landespolizeibehörde.

§ 13. Strafrecht und Polizei.

Erhöhter strafrechtlicher Schutz der Eisenbahn:

a) gegen **Sachbeschädigung;**

b) gegen vorsätzliche oder fahrlässige **Gefährdung** eines Eisenbahntransportes durch Beschädigung von Eisenbahnanlagen, Beförderungsmitteln oder sonstigem Zubehör, oder durch Aufstellung falscher Zeichen oder Signale auf der Fahrbahn;

c) gegen **Nachlässigkeit** der zur Leitung der Eisenbahnfahrten oder zur Aufsicht über die Bahn und den Beförderungsbetrieb angestellten Personen.

Strafgesetzbuch §§ 305, 315, 316.

Eisenbahnpolizei: Aufrechterhaltung der Sicherheit und Ordnung des gesamten Betriebes der Bahn; zu unterscheiden:

a) Polizei nach außen: Aufrechterhaltung der Ordnung gegenüber dem Publikum, vergl. weiter oben Seite 17;

b) Überwachung der inneren Verwaltung, insbesondere mit Rücksicht auf die Durchführung der Vorschriften über Anlage und Betrieb.

3. Die Verwaltung.

§ 14. Organisation der Verwaltung.

Die Verwaltung der **Staatsbahnen** regelt sich nach besonderen Gesetzen und Verordnungen; für die Reichseisenbahnen: Verordnung vom 9. Dezember 1871; für Preußen: Verordnung vom 15. Dezember 1894.

Für **Privatbahnen** wird durch die Konzessionen, ev. durch die allgemeine Rechtsordnung (Handelsgesetzbuch bei Aktiengesellschaften) das Erforderliche bestimmt.

Staatsverwaltung in Preußen unterscheidet:

a) **Beamte,** und zwar in 3 Gruppen, nämlich höhere, mittlere, niedere;

b) **Arbeiter** in privatrechtlichem Verhältnisse zur Eisenbahnverwaltung stehend, die irgend welche niedere Arbeiten nach Angaben anzufertigen haben.

Ähnlich bei Privatbahnen.

Bestimmungen über die Befähigung von Eisenbahnbetriebsbeamten, vom Bundesrate unterm 5. Juli 1892 erlassen, abgeändert am 13. Juli 1897 und 23. Mai 1898.

I. **Allgemeine Erfordernisse:** sämtliche Beamte sollen bei ihrem ersten Dienstantritte nicht über 40 Jahre alt sein; sie müssen die für die Wahrnehmung der betreffenden Dienstverrichtungen erforderliche Gesundheit, Rüstigkeit und Gewandtheit, sowie ein ausreichendes Hör- und Sehvermögen besitzen.

II. **Besondere Erfordernisse:**

1. **Nachtwächter:** Kenntnis der Betriebsordnung und der Vorschriften über die Behandlung gefundener Gegenstände.

2. **Stationsdiener:** Kenntnis der Betriebsordnung, der Verkehrsordnung, ihrer Dienstanweisung, der Eisenbahngeographie, der Vorschriften über gefundene Gegenstände und über Aufbewahrung von Handgepäck; Rechnen in den 4 Grundarten, Fähigkeit zur Anfertigung einer schriftlichen Anzeige über dienstliche Vorgänge, Kenntnisse des Fahrplanes, der Signale, des Personenverkehres und der Arten von Fahrkarten.

3. **Bremser und Wagenwärter:** Kenntnisse der einschlägigen Vorschriften, der Eigentumsmerkmale der eigenen sowie der fremden Wagen, ferner der Gattungen von Wagen sowie deren Teile und der Behandlungsweise; sowie:

a) für Bremser: 4monatige Probezeit im Bremser- und und Rangierdienste,

b) für Wagenwärter: 6monatige Beschäftigung in einer Wagenwerkstätte und Fähigkeit, die an dem Wagen während des Betriebes vorkommenden Schäden zu beseitigen.

4. **Rangiermeister:** insbesondere Fähigkeit im Zusammensetzen der Züge und Kenntnisse der einschlägigen Dienstanweisungen und der Militär-Eisenbahnordnung.

5. **Schaffner**: Kenntnis der einschlägigen Vorschriften, 6monatige Probezeit im Schaffnerdienste.

6. **Packmeister**: Kenntnis der Vorschriften, Rechnen mit Brüchen, einschl. der Dezimalbrüche, Fahrkartenausgabe, Gepäck- und Güterabfertigung, 6monatige Probezeit nach erlangter Befähigung zum Schaffnerdienste.

7. **Zugführer**: insbesondere Kenntnis der Organisation ihrer Eisenbahnverwaltung, der Einrichtung und Handhabung der Läutewerke und der Hilfssignalvorrichtungen, der besonderen Vorschriften über Fahrberichte, über elektrische Telegraphen, sechsmonatige Probezeit nach dargelegter Befähigung zum Packmeister.

8. **Bahnwärter** und **Haltepunktwärter**: Kenntnis der einschlägigen Vorschriften, sowie aller bei der Bahnunterhaltung und insbesondere beim Verlegen und bei der Unterhaltung des Oberbaues vorkommenden Arbeiten, Kenntnis der Schranken und ihrer Bedienung, sowie eine Probezeit, und zwar:

a) entweder 3monatige Beschäftigung bei der Unterhaltung und Vermauerung des Oberbaues und 3monatige Beschäftigung im Bahnbewachungs- und Signaldienste einer im Betriebe befindlichen Bahn,

b) oder 9monatige Beschäftigung beim Eisenbahnneubau, sofern der Dienstanfänger hierbei mit sämtlichen zur Herstellung des Oberbaues und der Weichen erforderlichen Arbeiten sich vertraut gemacht hat, auch während dieser Zeit etwa 3 Monate bei dem für Arbeitszüge eingerichteten Bahnbewachungs- und Signaldienste tätig gewesen ist.

9. **Weichensteller** und **Haltestellenaufseher**: insbesondere Kenntnis der Weichen, Drehscheiben, Schiebebühnen, Zentesimalwage und Wasserkrane; für Haltestellenaufseher insbesondere noch: Fertigkeit im Telegraphieren und Kenntnis der Vorschriften für die Verwaltung einer Haltestelle.

10. **Bahnmeister**: einfachere mathematische Kenntnisse, Befähigung zur Anfertigung von Zeichnungen und Skizzen, Kenntnis der gebräuchlichsten Mauer- und Zimmermaterialien, sowie der einschlägigen Arbeiten zur Unterhaltung der Bahn; Fertigkeit in der Führung der Bücher, der Arbeiterlisten, der Aufstellung von Rechnungen, Kostenanschlägen und Massenberechnungen;

Fertigkeit im Gebrauch der elektrischen Telegraphen; einjährige Beschäftigung beim Bau oder bei der Unterhaltung des Oberbaues einer Bahn und bei einem bau- oder betriebstechnischen Bureau.

11. **Stationsaufseher** und **Stationsassistenten**: allgemeine Kenntnisse der gesetzlichen und Verwaltungsvorschriften, Fertigkeit in der Zusammensetzung von Zügen bei regelmäßigem und bei gestörtem Betriebe, Kenntnisse der Einrichtung und der zur Betriebssicherheit notwendigen Beschaffenheit des Oberbaues, sowie der erforderlichen Gerätschaften, Werkzeuge und Arbeiten, einjährige Beschäftigung im Stationsdienste.

12. **Stationsvorsteher**: Kenntnis der Einrichtungen des Verbands- und Tarifwesens, zweijähriger Dienst in der Stellung als Stationsaufseher oder Stationsassistent.

13. **Lokomotivführer**: Kenntnisse des Maschinenbaues, der niederen Physik, der Lokomotive und ihrer Teile, einjährige Beschäftigung als Handwerker in einer mechanischen Werkstatt und einjährige Lehrzeit im Lokomotivdienste.

Prüfung: den einzelnen Verwaltungen ist es überlassen, in welcher Form sie die Überzeugung von dem Vorhandensein der vorgeschriebenen Befähigung sich verschaffen sollen; jedoch bezüglich der Lokomotivführer ist die Ablegung einer Prüfung vor einem höheren maschinentechnischen und einem betriebstechnischen Beamten, verbunden mit Probefahrten unter Aufsicht eines Beamten der ersteren Gattung, erforderlich.

§ 15. Die Finanzen.

I. **Staatsbahnen** unterliegen den finanzrechtlichen Grundsätzen, die sonst für die Finanzen des Staates maßgebend sind.

Preußen:

a) **finanzielle Garantie** für sachgemäße Verwaltung der Staatsbahnen: Gesetz vom 27. März 1882; von den Überschüssen werden zuerst die Zinsen der Kapitalsschuld abgezogen; sodann werden 2 Millionen für auszugleichende Fehlbeträge des Etats eingestellt; endlich werden zur Amortisation bis $^3/_4$ % der Kapitalschuld verwendet; der Rest kann für andere Staatszwecke eingestellt werden;

b) **preußisch-hessische Eisenbahngemeinschaft:** durch Staatsvertrag vom 23. Juni 1896 hat Preußen die hessische Ludwigsbahn erworben; für diese Bahn besteht Betriebs- und Finanzgemeinschaft.

II. Verwaltung der **Privateisenbahnen** unter Kontrolle des Staates:

a) für Ausgabe von Aktien **über** die ursprüngliche Zahl hinaus ist in Preußen kgl. Genehmigung notwendig; Aufnahme von Gelddarlehen unter Zustimmung des Ministers;

b) Bildung eines Reservefonds durch jährliche Beiträge aus den Einnahmen;

c) die Gesellschaft ist verpflichtet, über alle Teile ihrer Unternehmung genaue Rechnung zu führen und hierin der ministeriellen Anweisung zu folgen; die Rechnung ist **jährlich** bei der vorgesetzten Regierung einzureichen.

§ 16. Die Betriebsverwaltung.

I. Maßgebend ist für das Deutsche Reich: die **Betriebsordnung** für die Haupteisenbahnen Deutschlands vom 5. Juli 1892 mit Abänderungen (vergl. weiter oben Seite 11).

II. Privatbahnen haben ihre Fahrpläne von der Aufsichtsbehörde genehmigen zu lassen.

III. Die Eisenbahnverwaltungen sind verpflichtet, die für den **durchgehenden Verkehr** und zur Herstellung ineinandergreifender Fahrpläne nötigen Personenzüge mit entsprechender Fahrgeschwindigkeit, desgl. die zur Bewältigung des Güterverkehrs nötigen Güterzüge einzuführen, auch direkte Expeditionen im Personen- und Güterverkehre, unter Gestattung des Überganges der Transportmittel von einer Bahn auf die andere, gegen die übliche Vergütung einzurichten (Reichsverfassung Art. 44).

IV. Stellung der Betriebsverwaltung zu anderen Verwaltungen:

1. **Post:**

a) nach dem Reichsgesetze vom 20. Dezember 1875 (Eisenbahn-Postgesetz) ist der Eisenbahnbetrieb mit den Bedürfnissen des Postdienstes in die notwendige Übereinstimmung zu bringen. Bei Meinungsverschiedenheiten zwischen Post und Eisenbahn entscheidet die Landesaufsichtsbehörde; falls die Post damit nicht sich beruhigt, der **Bundesrat** nach Anhörung der Reichspostverwaltung und des Reichseisenbahnamtes.

Mit jedem regelmäßigen Zuge hat die Bahn unentgeltlich einen **Postwagen** zu befördern; statt dessen kann die Postverwaltung entweder der Eisenbahn Briefbeutel sowie Brief- und Zeitungspakete zur unentgeltlichen Beförderung durch das Zugpersonal überweisen, oder die Beförderung von Briefbeuteln sowie Brief- und Zeitungspaketen durch einen Postbeamten besorgen lassen, welchem der erforderliche Platz in einem Eisenbahnwagen unentgeltlich einzuräumen ist. Bei größeren Ansprüchen der Post erhält die Bahn eine Entschädigung.

b) Für **Preußen** wurde bei Aufhebung des Postregales bestimmt, daß die Bahn den unentgeltlichen Transport der dem Postzwange unterworfenen Güter zu übernehmen habe; in Fällen der Unterbrechung des regelmäßigen Postbetriebes durch Schuld der Bahn sollte die Bahn den hierdurch veranlaßten Aufwand der Kosten ersetzen.

2. **Telegraphie**: Bahn und Telegraphie unterstützen sich gegenseitig; die Telegraphenverwaltung des Reiches benutzt das Bahneigentum für ihre Verbindungslinien, die Bahn benutzt den Telegraphen für dienstliche und — unter gewissen Voraussetzungen — außerdienstliche Nachrichten.

3. **Militärverwaltung**: den Anforderungen der Behörden des Reiches inbetreff der Benutzung der Eisenbahnen zum Zwecke der Verteidigung Deutschlands haben sämtliche Eisenbahnverwaltungen unweigerlich Folge zu leisten; insbesondere ist das Militär und alles Kriegsmaterial zu gleichen ermäßigten Sätzen zu befördern. — Reichsgesetz über die Kriegsleistungen vom 13. Juni 1873; Militärtransportordnung für Eisenbahnen vom 18. Januar 1899.

V. Für **Preußen** (Gesetz vom 1. Juni 1882): Landeseisenbahnrat und Bezirkseisenbahnräte.

4. Das Bahneigentum.

§ 17. Das Bahneigentum.

Reichsgesetz vom 3. Mai 1886: **die Fahrbetriebsmittel der Eisenbahnen**, welche Personen oder Güter im öffentlichen Verkehre befördern, sind von der ersten Einstellung in den Betrieb bis zur endgültigen Ausscheidung aus dem Bestande der Pfändung nicht unterworfen.

Insbesondere:

a) bei **Konkurs**: Bahneigentum bleibt trotzdem ein Teil der Konkursmasse;

b) **ausländische** Eisenbahnen bilden nur dann eine nicht pfändbare Einheit, wenn Gegenseitigkeit verbürgt ist; z. B. Gegenseitigkeit mit Österreich.

Für **Preußen**:

a) Gesetz vom 3. Nov. 1838: zur Gültigkeit der Veräußerung von Bahngrundstücken ist staatliche Genehmigung erforderlich;

b) Gesetz vom 19. August 1895, abgeändert durch Gesetz vom 11. Juni 1902 (Gesetz über die Bahneinheiten):

1. **Bahneinheit**: eine Privateisenbahn, die dem Gesetze über die Eisenbahnunternehmungen vom 3. November 1838 unterliegt, und eine Kleinbahn, deren Unternehmer verpflichtet ist, für die Dauer der ihm erteilten Genehmigung das Unternehmen zu betreiben, **bildet mit den dem Bahnunternehmen gewidmeten Vermögenswerten eine Einheit**.

2. **Beginn der Bahneinheit**:

a) entweder mit Erteilung der Genehmigung zur Betriebseröffnung,

b) oder mit Eintragung ins Bahngrundbuch (vor Betriebseröffnung).

3. **Ende der Bahneinheit**:

a) entweder mit Erlöschen der Genehmigung,

b) oder mit Schließung des Bahngrundbuchblattes.

4. **Bestandteile der Bahneinheit**:

a) der Bahnkörper und die übrigen Grundstücke, die dauernd, unmittelbar oder mittelbar, dem Bahnunternehmen gewidmet sind, mit den darauf errichteten Baulichkeiten, sowie die für das Bahnunternehmen dauernd eingeräumten Rechte an fremden Grundstücken;

b) die von dem Bahnunternehmer angelegten, zum Betriebe und zur Verwaltung der Bahn erforderlichen Fonds, die Kassenbestände der laufenden Bahnverwaltung, die aus dem Betriebe des Bahnunternehmens unmittelbar erwachsenen Forderungen und die Ansprüche des Bahnunternehmers aus Zusicherungen Dritter, welche die Leistung von Zuschüssen für das Bahnunternehmen zum Gegenstande haben;

c) die dem Bahnunternehmer gehörigen beweglichen körperlichen **Sachen**, die zur Herstellung, Erhaltung oder Erneuerung der Bahn oder der Bahngebäude oder zum Betriebe des Bahnunternehmens dienen. Trotz einer Veränderung gelten sie als Teile der Bahneinheit, solange sie auf den Bahngrundstücken sich befinden; rollendes Betriebsmaterial auch nach der Entfernung von den Bahngrundstücken, solange es als Bahneigentum bezeichnet und dem Betriebe nicht dauernd entzogen ist.

5. **Bahngrundbücher**:

a) für jede selbständige Bahneinheit wird ein eigenes Grundbuchblatt gebildet.

b) **Zuständigkeit**: Amtsgericht des Bezirkes, in dem die Hauptverwaltung des Bahnunternehmens ihren Sitz hat.

c) **Eintragung** erfolgt auf Antrag bei der Bahnaufsichtsbehörde und sodann auf deren Ersuchen beim Amtsgerichte.

d) Bahneinheit wird nach dem Rechte der Grundstücke, also als **unbewegliche** Sache, behandelt.

§ 18. Das Pfandrecht an Eisenbahnen.

I. **Bahnpfandschuld**: nach dem pr. Gesetz vom 11. Juni 1902 ist zur Eintragung einer Grundschuld oder Rentenschuld an einer Bahneinheit bei Privateisenbahnen die Genehmigung des Ministers der öffentlichen Arbeiten erforderlich.

II. **Hypothek** für Teilschuldverschreibungen auf den Inhaber ist öffentlich bekannt zu machen.

III. **Veräußerungen** oder **Belastungen** einzelner zur Bahneinheit gehöriger Grundstücke sind ungültig, soweit nicht die Bahnaufsichtsbehörde bescheinigt, daß durch die Verfügung die Betriebsfähigkeit des Bahnunternehmens nicht beeinträchtigt wird.

IV. Die **Verfolgung dinglicher Rechte** an einzelnen zur Bahneinheit gehörenden Grundstücken findet bis zum Erlöschen der Genehmigung nur statt, soweit die Bahnaufsichtsbehörde bescheinigt, daß durch die Verfolgung die Betriebsfähigkeit des Bahnunternehmens nicht beeinträchtigt werde. Im Falle der **Versagung** der Bescheinigung kann der Berechtigte gegen Aufgabe seines Rechtes von dem Eigentümer der Bahn eine Entschädigung fordern, die nach den Vorschriften über die Entschädigung für den Fall der Enteignung sich bestimmt.

V. Besondere Vorschriften über **Zwangsvollstreckung**:

1. ausschließlich zuständiges **Vollstreckungsgericht** ist das Amtsgericht, von dem das Bahngrundbuch geführt wird.

2. Voraussetzungen:

a) vollstreckbarer Titel,

b) Vorhandensein der für das Bahnunternehmen erteilten Genehmigung,

c) Vorhandensein eines angelegten Bahngrundbuches, (jedoch nur im Falle der Eintragung einer Sicherungshypothek).

3. Erteilung des **Zuschlages** erfolgt unter der Bedingung, daß für die Person des Erstehers die staatliche Genehmigung zum Erwerbe der Bahn beigebracht wird;

a) bei **Versagung** der Genehmigung muß der Beschluß auf Zuschlagerteilung aufgehoben werden; der Zuschlag ist sodann zu **versagen.**

b) **Verteilung des Versteigerungserlöses** findet erst statt, wenn die Genehmigung zum Erwerbe der Bahn beigebracht ist.

VI. **Zwangsliquidation**: nach Erlöschen der Genehmigung für das Bahnunternehmen ist auf Antrag zur **abgesonderten Befriedigung** der Bahnpfandgläubiger aus den einzelnen Bestandteilen der Bahneinheit die Zwangsliquidation vom Amtsgerichte zu eröffnen.

Antragsberechtigt ist:

a) jeder Bahnpfandgläubiger,

b) der Bahneigentümer,

c) im Falle des Konkurses: der Konkursverwalter.

§ 19. Eisenbahn und Anlieger.

I. **Entschädigungsansprüche** der Anlieger für die Nachteile, die ihnen aus dem Bahnbau entstehen.

II. Anspruch auf **schützende** Einrichtungen gegen ev. Feuersgefahr, z. B. Funken aus Lokomotive; insbesondere: Anlage von Forstschutzstreifen.

5. Die Kleinbahnen.

§ 20. Begriff und Bedeutung.

Preußisches Gesetz über Kleinbahnen und Privatanschlußbahnen vom 28. Juli 1892.

I. **Kleinbahnen** sind dem öffentlichen Verkehre dienende Eisenbahnen, die wegen ihrer geringen Bedeutung für den allgemeinen Eisenbahnverkehr dem Eisenbahngesetze nicht unterliegen, insbesondere also der Regel nach solche **Bahnen, die hauptsächlich den örtlichen Verkehr innerhalb eines Gemeindebezirkes oder benachbarter Gemeindebezirke vermitteln,** sowie **Bahnen, die nicht mit Lokomotiven betrieben werden.**

II. **Privatanschlußbahnen** sind Bahnen, die dem öffentlichen Verkehre nicht dienen, aber mit Eisenbahnen, die dem Eisenbahngesetze unterliegen, oder mit Kleinbahnen **derart in unmittelbarer Gleisverbindung stehen, daß ein Übergang der Betriebsmittel stattfinden kann.**

Diese Privatanschlußbahnen bedürfen, wenn sie für den Betrieb mit Maschinen eingerichtet werden sollen, zur baulichen Herstellung und zum Betriebe **polizeilicher Genehmigung.**

III. Über **nebenbahnähnliche Kleinbahnen** vgl. Anweisung vom 13. August 1898.

§ 21. Rechtsverhältnisse der Kleinbahnen.

I. **Genehmigung** der zuständigen Behörde ist erforderlich:

1. zur **Herstellung** und zum **Betriebe** der Kleinbahn,

2. für wesentliche Erweiterungen und sonstige wesentliche Änderungen des **Unternehmens**, der Anlage oder des Betriebes.

II. **Zuständigkeit** für die Erteilung der Genehmigung:

1. bei Kleinbahnen **mit Maschinenkraft**:

a) Regierungspräsident,

b) für Berlin: Polizeipräsident,

und zwar beide im Einvernehmen mit der Eisenbahnbehörde; (ev. statt a oder b der Oberpräsident), wenn nämlich die Bahnlinie über den Bezirk der Zuständigkeit einer Bezirksregierung hinausgeht;

2. bei **anderen Kleinbahnen**:

a) in demselben Polizeibezirke: die Ortspolizeibehörde,

b) in demselben Landkreise: der Landrat,

c) sonst: Regierungspräsident,

d) ev. Oberpräsident oder Minister.

3. Zur Anlegung von Bahnen in den Straßen Berlins und Potsdams bedarf es **königlicher Genehmigung**.

III. **Voraussetzungen der Genehmigung**:

1. **Antrag** auf Erteilung der Genehmigung unter Beibringung der erforderlichen technischen und finanziellen Unterlagen, insbesondere eines Bauplanes.

2. **Polizeiliche Prüfung** in bezug auf:

a) betriebssichere Beschaffenheit der Bahn und der Betriebsmittel,

b) Schutz gegen schädliche Einwirkungen der Anlage und des Betriebes,

c) technische Befähigung und Zuverlässigkeit der in dem äußeren Betriebsdienste anzustellenden Bediensteten,

d) Wahrung der Interessen des öffentlichen Verkehrs.

3. **Anhörung** der Wegepolizeibehörde, ev. der Festungsbehörde.

4. Berücksichtigung der Interessen der **Landesverteidigung** und der Reichspostverwaltung.

IV. **Inhalt der Genehmigung**:

1. **Vorbehalte**: bei der Genehmigung von Bahnen, auf denen Güter befördert werden sollen, kann vorbehalten werden, den Unternehmer jederzeit zur Gestattung der Einführung von Anschlußgleisen für den Privatverkehr anzuhalten.

2. **Sicherheitsstellung** für Unterhaltung und Wiederherstellung öffentlicher Wege kann nach Art und Höhe vorgeschrieben werden.

Ausnahme: keine Sicherstellung, wenn Reich, Staat, oder Kommunalverband Unternehmer ist.

3. **Dauer der Genehmigung**: auf Zeit oder dauernd.

4. Interesse des **öffentlichen Verkehrs**: Feststellung des Fahrplanes und der Beförderungspreise.

V. **Planfeststellung** muß dem Beginne des Baues einer Bahn, die mit Maschinenkraft betrieben wird, vorhergehen.

1. **Grundlage** des Plans sind die bei der Genehmigung getroffenen vorläufigen Festsetzungen.

2. **Bekanntmachung** des Planes während 14 Tagen in ortsüblicher Weise.

3. **Termin** an Ort und Stelle zur Entscheidung über Einwendungen.

4. **Beschluß** über Einwendungen und **Feststellung** des Planes.

VI. **Eröffnung des Betriebes** bedarf der Erlaubnis der zur Erteilung der Genehmigung zuständigen Behörden. Bei Nichterfüllung wesentlicher Bedingungen der Bau- und Betriebsgenehmigung ist die Erlaubnis zu versagen.

VII. **Wegfall der Genehmigung** durch:

1. **Erlöschen** infolge Beschlusses der Aufsichtsbehörde, wenn die Ausführung der Bahn oder die Betriebseröffnung nicht innerhalb der bestimmten Frist erfolgt.

2. **Zurücknahme,** wenn der Bau oder Betrieb ohne genügenden Grund unterbrochen oder wiederholt gegen die Bedingungen der Genehmigung oder die dem Unternehmer nach dem Kleinbahngesetze obliegenden Verpflichtungen in wesentlicher Beziehung verstoßen wird.

Über die Zurücknahme entscheidet auf **Klage** der zur Erteilung der Genehmigung zuständigen Behörde das Oberverwaltungsgericht.

VIII. **Rechte und Pflichten** der Kleinbahnunternehmer:

1. **Gestattung von Anschlüssen** anderer Bahnen an die Kleinbahn, wenn die Behörde mit Rücksicht auf Konstruktion und Betrieb den Anschluß für zulässig erachtet.

2. **Recht auf Anschluß** der Kleinbahnen an Eisenbahnen, wenn der Minister der öffentlichen Arbeiten es für zulässig erachtet.

IX. **Erwerb der Kleinbahn durch den Staat**: haben Kleinbahnen nach Entscheidung des Staatsministeriums eine solche Bedeutung für den öffentlichen Verkehr gewonnen, daß sie als Teil des allgemeinen Eisenbahnnetzes zu behandeln sind, so kann der Staat den **eigentümlichen Erwerb** solcher Bahnen gegen Entschädigung des vollen Wertes nach einer mit einjähriger Frist vorangegangenen Ankündigung beanspruchen.

6. Ende der Eisenbahnen.

§ 22.

I. Bei **Staatsbahnen** erfolgt Beendigung der Eisenbahnunternehmung oder Wechsel in der Person des Unternehmers (für Staat: Privatunternehmer) nach allgemeinen Grundsätzen.

II. Beendigung einer **Privatbahn** nach preußischem Rechte:

1. **freiwillige Übertragung** an den Staat,

2. **zwangsweise Übertragung** an den Staat gegen vollständige Entschädigung:

a) Abtretung kann erst **nach Verlauf von 30 Jahren** seit Beginn gefordert werden;

b) Zeitpunkt muß der für eine neue Festsetzung des Bahngeldes (vgl. weiter oben Seite 16) Maßgebende sein;

c) **Ankündigung** der Übernahme ein Jahr vorher;

d) **Leistung** des 25fachen Betrages der durchschnittlichen Dividende der letzten 5 Jahre als Entschädigung, sowie Übernahme aller Aktiva und Passiva auf den Staat.

3. **Einstellung** des Betriebes mit staatlicher Genehmigung;

4. **Übertragung** an andere Privatunternehmer oder **Fusion** mit Genehmigung;

5. **Verwirkung der Konzession,** wenn die Bahn eine der allgemeinen oder besonderen Bedingungen nicht erfüllt und eine Aufforderung zur Erfüllung binnen einer endlichen Frist von mindestens drei Monaten ohne Erfolg bleibt.

Druck von A. W. Hayn's Erben, Berlin und Potsdam.

FSC
www.fsc.org
MIX
Papier | Fördert
gute Waldnutzung
FSC® C083411

Kolibri 360 GmbH
Ferdinand-Jühlke-Straße 7
99095 Erfurt, Deutschland
produktsicherheit@kolibri360.de